河北大学历史学强势特色学科学术出版基金资助

河北大学中西部高校提升综合实力工程项目资助

河北省教育厅人文社科研究重大课题攻关项目：
20世纪河北农村社会改造的田野调查与实证研究（ZD201435）

华北学·华北乡村研究丛书

“冀中花开第一枝”

耿长锁与五公村珍贵历史影像

主　　编：杨学新
副 主 编：樊孝东　张铁闯　张延平
编　　委：肖献法　刘振业
　　　　　许胜居　李富漂

河北大学出版社

图书在版编目（CIP）数据

“冀中花开第一枝”：耿长锁与五公村珍贵历史影像 / 杨学新主编. -- 保定：河北大学出版社，2015.12
ISBN 978-7-5666-0836-9

Ⅰ. ①冀… Ⅱ. ①杨… Ⅲ. ①耿长锁（1900～1985）－生平事迹－摄影集②农业集体化－史料－饶阳县－摄影集 Ⅳ. ①K828.1-64②F329.224-64

中国版本图书馆CIP数据核字(2014)第270557号

责任编辑：王红梅
装帧设计：赵　谦
责任印制：靳云飞

出版：河北大学出版社（保定市五四东路180号）
经销：全国新华书店
印制：河北新华第一印刷有限责任公司
开本：787mm×1092mm　1/16
字数：158千字
印张：12.25
版次：2015年12月第1版
印次：2015年12月第1次印刷
书号：ISBN 978-7-5666-0836-9
定价：38.00元

序　言

五公村地处华北平原腹地，现属河北省衡水市饶阳县，是一个历史悠久的村落，原名敬信乡。在隋唐至两宋的数百年间，该村李氏家族曾出五公、四相，五公村的名字也因此得来。清嘉庆时，该村分为大、小五公两村，民国以后重新并为一村，仍名五公村。至抗日战争时期，该村因耿长锁（1900—1985）建立全国第一个“土地合伙组”而再次声名鹊起。特别是新中国成立后，五公村和耿长锁的先进事迹和典型经验频频见诸报端，前往参观考察的各种团体与个人络绎不绝，村里为此专门成立了接待站。耿长锁先后两次（1951、1979年）获得全国农业劳模的殊荣，并曾任河北省政协副主席和人大常委会副主任，是中共第八、九、十、十一大代表和全国人大第一、二届代表，被毛泽东誉为“群众所信任的领袖人物”。

对于这样一个集体化时期的标志性人物和典型村庄，上世纪五六十年代出现了一批相关的专题报告和文学作品，其中代表性的有：1950年作家赵卜一撰写的《饶阳县五公村生产互助组报告》，认为五公村的互助合作具有“新民主主义经济性质”；1952年，作家柳溪与丈夫胡苏作为驻社干部来到五公村，后来柳溪以耿长锁农业社为题材创作了两篇小说《爬在旗杆上的人》和《烦恼的人令人烦恼》，收入其短篇小说集《爬在旗杆上的人》（中国青年出版社1957年出版）；1954年，河北省农林厅组织编写的《耿长锁农业生产合作社介绍》一书由河北人民出版社出版；中国青年出版社于次年出版了小章编写的《走向幸福的道路——耿长锁农业生产合作社的成长》，介绍了耿长锁农业社的发展过程；1962年《河北文学》编辑刘怀章到五公村采访耿长锁，写出了报告文学《双十春》；1963年，河北省文联和天津市作协组织20余名作家深入五公村，写作出版了报告文学集《花开第一枝——五公人物志》（百花文艺出版社1963年出版），通过对五公农业合作化20年来主要人物的刻画，反映了社会主义新农村的生活和精神面貌；1964年，孙华峰、陈春迎合作编写了近5万字的《耿长锁走过的道路》（打印本）；等等。

这一时期还有刊登于《人民日报》《河北日报》等一批有关耿长锁和五公村的报刊宣传文章，以及《走上幸福大道》（中央新闻记录电影制片厂，1954年）等纪录片、历次庆祝五公“组织起来”纪念大会和河北省农业系统各种劳模代表会中有关五公村和耿长锁的先进材料等。

20世纪80年代以后，随着家庭联产承包责任制的推行，特别是耿长锁于1985年去世后，五公村和耿长锁逐渐淡出了人们的视线。

21世纪后，多部关于耿长锁的传记性成果相继出版：2005年，耿长锁逝世20周年之际，肖献法、杨殿通、张绍良的《耿长锁传》由河北人民出版社出版。该书12章，近23万字，记述了耿长锁一生坚持实事求是、艰苦奋斗、廉洁奉公的工作和生活历程，对五公村合作化道路的发展嬗变进行了一次全景式的扫描和情景再现。2009年，刘怀章的《耿长锁的故事》由天马出版公司出版发行。2014年，张启的《走在时代前端的人：耿长锁传》由河北人民出版社出版。该传记共13章，33.5万字，以耿长锁实事求是的思想为主线，再现了五公村40年集体化的奋斗历程，塑造了一个好学求实、清廉实干、居功不傲、潜德不耀、充满智慧和幽默的耿长锁形象。

中共饶阳县委、饶阳县人民政府的历届领导班子都非常重视对于耿长锁的劳模精神的挖掘与宣传。1997年3月，五公镇召开专门会议探讨“耿长锁精神”的内涵与现实意义，并将“耿长锁精神”初步概括为“艰苦奋斗，戒骄戒躁，实事求是，为民造福”。2005年8月，当地政府举行耿长锁铜像落成仪式，像高1.1米，重400公斤，底座为花岗岩，上面镌刻着吕正操将军的题词——“全国农业劳动模范耿长锁”。2013年6月，饶阳县召开“耿长锁精神”研讨会，市、县领导和耿长锁的亲属以及来自国内部分高校和本地的学者50余人出席了研讨会。2014年6月，饶阳县筹资1200多万元，建设完成了占地8000平方米、建筑面积2700平方米的耿长锁纪念馆。2015年8月，由中共衡水市委宣传部、中共饶阳县委、饶阳县人民政府和河北演艺集团、河北省梆子剧院历时一年多精心创作的大型河北梆子现代戏《耿长锁》在河北省艺术中心首演成功。目前，30集电视连续剧《农民耿长锁》已在饶阳县开机。

国内史学界开始关注五公村和耿长锁始于上世纪60年代。1960年，南开大学历史系160余名师生到五公参观学习后编写出一本《五公人民公社史》（油印本）。该书分为七章，共十余万字，对五公人民公社的历史作了简要梳理，是第一部关于五公人民公社的简史性成果。由于当时特殊的社会历史背景，该书带有明显的时代烙印。在此后相当长的时期内，对这些问题的研究基本处于停滞状态。20世纪80年代后，史学研究开始复苏，在一些通史类著作和有关中国农村、农业合作化、农业集体化的宏观性论著中，可偶见提及，并有一些回忆介绍性的文章发表。2006年，崔效辉在《论20世纪中国地方国家政权的内卷化》（《公共管理高层论坛》第3辑）一文中，利用美国学者弗里曼（Edward Friedman）等人的《中国乡村，社会主义国家》一书中有关耿长锁和五公村的资料，说明新中国在集体化时期仍然没有解决地方国家政权的内卷化问题。近年来，出现了几篇以五公村为研究对象的硕士学位论文，如2010年南京航空航天大学李娜的《社会转型：国家与乡村社会的互惠关系》以五公村个案，对改革开放后国家与乡村社会的互动关系进行了剖析；2011年华中师范大学吴春宝的《再访五公村：改革中的乡村治理》则探讨了社会转型期的乡村社会变迁与治理问题等。

比较而言，国外学者的相关研究开展得较早，且影响较大，其中最具代表性的当属美国的三位学者——弗里曼（Edward Friedman）、毕克伟（Paul G Pickowicz）和塞尔登（Mark Selden）。弗里曼是威斯康星州立大学政治学教授，毕克伟是加利福尼亚大学圣地亚哥分校历史学教授，塞尔登是纽约宾汉姆顿大学社会学教授，他们在当时均是美国中国学研究队伍中的新生代和“左翼”学者的主要代表人物。1972年三人便来到中国，并曾受到周恩来总理的接见。从1978年5月开始，他们先后十几次前来饶阳县五公村，进村入户进行实地调研，历时十年写成Chinese Village, Socialist State（耶鲁大学出版社1991年出版）。该书面世后，首先在美国汉学界激起强烈反响，获得1993年约瑟夫·列文森奖。1994年，南京大学历史系的陶鹤山将该书翻译成中文出版，即《中国乡村，社会主义国家》，列入“阅读中国系列”，同样引发中国同行的广泛关注，相关评论如潮。2005年，弗里曼等人又出版其研究续篇Revolution, Resistance, and Reform in Village China（译为《中国农村的革命、战争与改革》，耶鲁大学出版社出版），目前尚无中文译本。应当特别指出的是，由于三位美国学者的文化背景、研究范式的不同，书中的一些提法和认识尚需作进一步探讨。

综上，以往的研究虽然取得了一定的成绩，但仍不能令人满意。特别是在相关档案资料的整理利用以及研究的深度和广度方面，都有待进一步拓展。

令人欣慰的是，饶阳县档案馆保存了有关耿长锁和五公村集体化时期较为完整的档案文献和影像资料，包括当时大量的报刊宣传材料、五公村历年的农副业生产计划、各种账册、数次合作化运动纪念大会材料、外事活动材料以及耿长锁的档案专卷等。可以说，就村级档案资料的搜集保存而言，饶阳县五公村的档案在全国范围内称得上非常丰富，实属难得。这些档案资料已经引起了国内众多学者的重视，如近年来北京大学、中央党校、华中师范大学、河北大学等高校和科研院所的研究人员纷纷前往饶阳展开调研工作。

2004年，笔者开始关注近代中国乡村社会变迁问题，并将饶阳县五公村作为中国乡村社会变迁的重点考察基点之一。我的硕士生庞琳是衡水市人，她利用地域优势曾多次前往饶阳县档案馆搜集档案资料，并于2011年完成论文《国家与农民的关系研究——以耿长锁农业合作社为例（1943—1957）》。最近几年，我不仅数次应邀参加当地举办的有关耿长锁的纪念活动和会议，而且每年的暑假，都与我的团队到饶阳县展开调研，收集有关档案和文献。在查阅档案的过程中，我们发现饶阳县档案馆藏有五公村和耿长锁的老照片400多幅，本书即是在此基础上，又经过多方搜集并甄别考证后编纂而成的。2014年，笔者申报的《20世纪河北农村社会改造的田野调查与实证研究》获准“河北省人文社会科学研究重大课题攻关项目”立项，可以说本书也是这一项目的阶段性成果之一。此外，我们在数年间还陆续采访了与耿长锁有过共同工作与生活的四五十位当事人和知情者，包括他的家属亲友、老同事以及当年的老社员等。由于时隔久远，且当事人大多年事已高，这些口述资料都是抢救性的，非常珍贵，目前这些口述史料已整理完毕，将于近期出版。

本书分为七个部分，以历史影像配以历史背景文字解读的方式回顾了集体化时期耿长锁与五公村的基本样貌与奋斗历程，重点介绍了耿长锁的两次出国经历、五公村的农业现代化建设、前来参观考察的中外宾客以及集体化时期五公村的文化生活等内容，突出反映了全国农业劳模——耿长锁一生坚持实事求是，一切为了群众、一切依靠群众，永远做普通劳动者的本色形象。

杨学新

2015年12月12日

目 录

一 耿长锁和五公村的道路

1943年，冀中平原遭遇严重旱灾，加上日寇此前的五一大“扫荡”，当地群众处于水深火热之中。这时，毛泽东主席《组织起来》的讲话传到冀中抗日根据地。中共饶阳县委发出“组织起来，生产渡荒”的号召，县政府经济协助员刘孚斋秘密来到五公村，成立“隐蔽经济斗争组”，借给贫苦农民2000斤小米，让大家组织起来发展生产，渡过灾年。

在“隐经组”成员耿秀峰的指导下，五公村贫苦农民耿长锁、卢墨林、李砚田、乔万象，将先前成立的打绳组变成土地合伙组，耿长锁任组长。所谓“土地合伙”，就是将同组各户所有土地合起来共同使用，地权仍归原主所有。“土地合伙组”本着同舟共济的精神，以实现人人有活干、有饭吃、有衣穿、孩子有书念为目的，并制定了章程。章程规定，从农业总产提10%为公积金，其余部分按劳、地对半分；副业方面，各户所有资金集中起来共同经营，所得红利提10%为公积金，其余按资四、劳六分。如半路出组，可立刻结账，盈余不分；如有亏损，补足后方可退组。合伙组设组长一人，会计一人，主抓生产和副业的各一人。从此，五公人在耿长锁的带领下走上了一条共同富裕之路。

新中国成立当年，合伙组获得丰收，粮食亩产329斤，人均分粮681斤（包括副业收入折粮）。1950年9月25日至10月2日，耿长锁参加了政务院召开的全国战斗英雄和全国工农兵劳动模范代表会议。不久，又出席了河北省首届劳模大会，会上介绍了搞土地合伙组的经验。11月28日，《河北日报》以《耿长锁领导的农业合作组》为题，首次公开报道耿长锁领导互助合作的经验。

1951年4月，农业部派人到五公视察，建议将“农业合伙组”①改名为“耿长锁农业生产合作社”。同年9月，随着中共中央第一次农业互助合作会议召开，耿长锁和五公村驶上了中国农业合作化的快车道。由于耿长锁农业生产合作社在全国爱国丰产运动中表现突出，1952年3月22日荣获中央人民政府颁发的1951年爱国生产模范社奖状，奖金旧币500万元。河北省农业厅在五公村召开庆功大会，会后，中共定县（现为定州市）地委副书记范文兴把耿长锁扶上马，在五公村大街骑行一趟，受到村民夹道欢迎。1952年4—9月，耿长锁作为农业部组织的“中国农民访苏代表团”成员赴苏联参观学习。11月8日，五公村召开大社（仍为初级社）成立大会，全村425户农民，401户入社（后经调整为287户）。会上选举刚刚回国的耿长锁为社长，张振生、耿书普为副社长。

1953年12月27—29日，中共河北省委在五公村主持召开耿长锁农业生产合作社十周年纪念大会，省、地、县各级干部、群众代表、劳动模范和五公村群众400多人参加会议。省委书记林铁发来贺信，省政府为大社颁发了“社会主义之花”的大红锦旗，省委农村工作部部长李子光代表省委讲话，社长耿长锁、党支部书记张振生报告了十年来的办社经验和经营情况。大会期间，国营河北省第一农业

---

① 1944年秋后，土地合伙组由4户扩大到17户，改名为农业合伙组。

全国农业劳动模范耿长锁（1900—1985）。

20世纪50年代初的耿长锁。

机器拖拉机站也在该村宣告成立。五公村农业生产合作社的巩固与发展显示了互助合作的优越性，给当地农民指出了走向农业集体化的道路。

1956年元旦，大社取消土地分红，成为高级社。

耿长锁及其领导的五公村农业生产合作社，对我国农业集体化运动产生了深远影响。从1953年庆祝五公集体化十周年大会开始，二十周年、三十周年、三十五周年、四十周年、五十周年，分别举行了庆祝活动。可以说在整个集体化时代，耿长锁和五公村一直是我国农业战线上的一面旗帜。耿长锁本人先后两次（1951年、1979年）获得全国农业劳模的殊荣，曾兼任饶阳县委副书记、河北省革委会副主任、省政协副主席和人大常委会副主任，是中共第八、九、十、十一大代表和全国人大第一、二届代表。耿长锁的精神、风骨和业绩，深受各级领导的佩服，被毛泽东誉为“群众所信任的领袖人物”。20世纪80年代后，随着家庭联产承包责任制的推行，耿长锁和五公村的名字逐渐淡出了人们的视线。

① “老四户”“土地合伙组”刚成立时，耿长锁（左二）44岁，乔万象（左一）30岁，李砚田（右二）30岁，卢墨林（右一）58岁

② 20世纪50年代初的“老四户”。

③ “老四户”：三把大镐创业。

④ “老四户”在地头。

④

① 20世纪50年代初“老四户”与耿秀峰（右一）察看小麦长势。
② 1953年耿秀峰（左）与“老四户”在麦场。
③ 20世纪60年代初“老四户”在村边合影。
④ 20世纪60年代“老四户”在秋收麦场。

②

③

④

① “老四户”之一的卢墨林。
② 耿长锁农业生产合作社社部大门。
③ 1951年，耿长锁在天津市华北区物资交流展览会上向各省代表介绍五公合作社的生产情况。

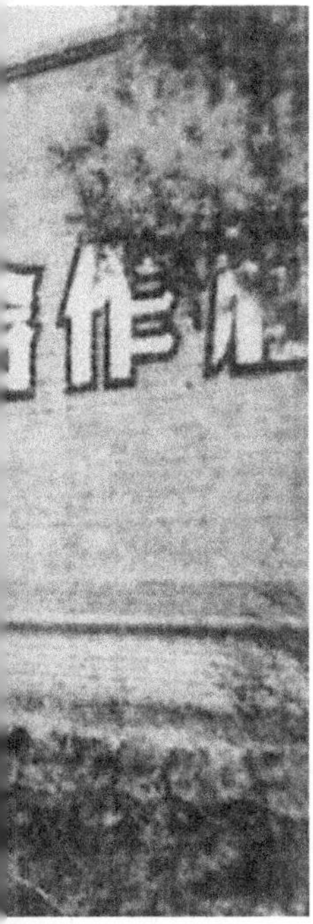

③

耿长锁在合作社院内向社员展示爱国丰产模范社奖。

1952年11月8日，五公村召开大社成立大会，这是当时会场举手表决的情景。左边站着举手的是乔万象。

1954年7月初，“五公乡四选区选举大会”。

1955年秋后，五公村酝酿大社（初级社）转为高级社。

1956年元旦，五公村初级社转为高级社庆祝大会（参加大会的有五公村农业社社员代表、全县乡村党委和支部书记，各农业社社长以及当时在五公村实习的农业部干部学院经济班学员共计1000余人）。

麦场劳动场景。

棉花丰收。

1953年粮食“统购统销”后，五公社员正把选好的粮食准备卖给国家。

五公大队社员把扬净的小麦装麻袋，准备卖给国家。

1953年五公农业社的送粮大车。

1965年五公大队缴公粮的车队。

社员分红。

1953年耿长锁农业生产合作社十周年纪念大会会场，耿长锁在主席台讲话。

耿长锁农业生产合作社十周年庆祝大会上，耿长锁、乔利广、乔万象、徐树宽、李砚田、卢墨林、李第二、张近仁、徐连祯等13名大社劳动模范戴上红花。

耿长锁农业生产合作社十周年庆祝大会上，河北省人民政府给合作社颁发的“社会主义之花”锦旗。图为耿长锁在接受锦旗。

庆祝五公村集体化二十周年大会会场，前排就座的是河北省劳动模范。

庆祝五公村集体化二十周年大会主席台。右四为耿长锁，右五为河北省委第一书记林铁。

庆祝五公村集体化二十周年大会主席台，林铁与耿长锁亲切交谈。

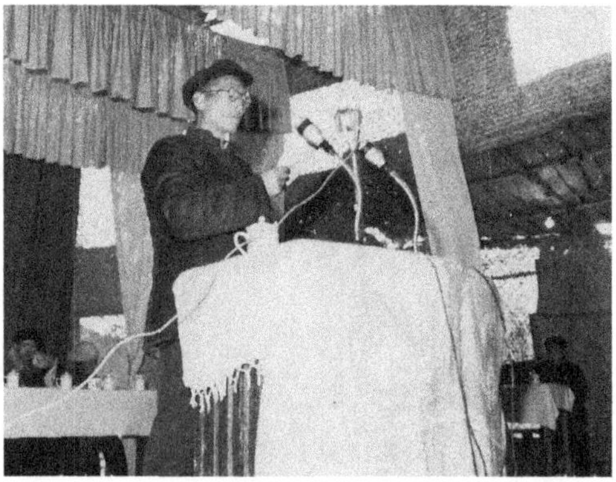

耿长锁在庆祝五公村集体化二十周年大会上致开幕词。

中共河北省委书记林铁在庆祝五公村集体化二十周年大会上讲话。

庆祝五公村集体化二十周年大会上，全国劳模、晋县周家庄公社社长曹同义讲话。

庆祝五公集体化二十周年大会上，全国劳模、冀县西沙大队党支部书记郁洛善讲话。

庆祝五公村集体化二十周年大会主席台，耿长锁与省、地、县各级领导展示锦旗。

庆祝五公村集体化二十周年大会，省委书记林铁向耿长锁颁发锦旗。

庆祝五公村集体化二十周年大会，衡水地委书记赵树光向耿长锁颁发锦旗。

庆祝五公村集体化二十周年大会，饶阳县委书记李春雨向耿长锁颁发锦旗。

庆祝五公村集体化二十周年展览馆，耿长锁与省、地、县主要领导剪彩。

庆祝五公村集体化二十周年展览馆。

庆祝五公村集体化二十周年展览馆门前。

五公集体化二十周年展览馆一角。

1963年五公集体化二十周年庆祝大会。

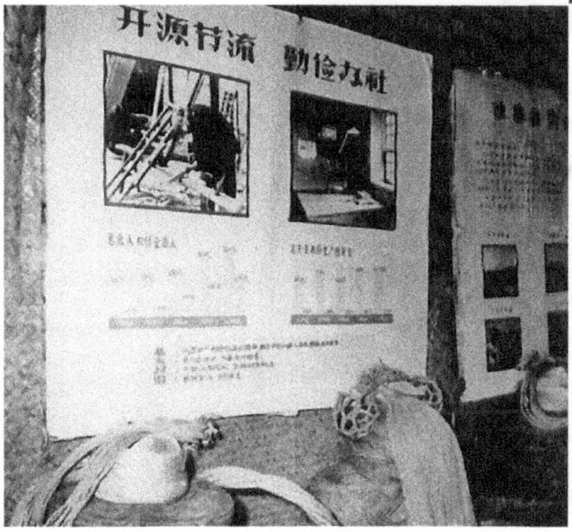

1963年五公集体化二十周年展览馆一角。

1963年11月五公集体化二十周年成果展。

庆祝五公集体化二十周年大会期间，河北省各地劳动模范与展览讲解员合影。

庆祝五公集体化二十周年大会召开期间，河北省委第一书记林铁、衡水地委书记赵树光、耿长锁与参加大会的其他同志在五公接待站合影留念。

五公集体化二十周年展览馆，耿长锁在沙盘前给安平县南王庄大队党支部书记王玉坤介绍五公大搞农田水利建设情况。

20世纪50年代，耿长锁在外地留影。

耿长锁（左）在北戴河。

1964年12月21日至1965年1月4日，耿长锁出席第三届全国人民代表大会期间，与第一次出席全国人民代表大会的陈永贵见面。周恩来总理在政府工作报告中总结大寨精神“自力更生，艰苦奋斗”，第一次向全国发出学大寨的号召。

1966年2月，出席河北省贫代会的饶阳县代表耿长锁（前排右二）、宋欣茹（左二）等19人合影。

1966年国庆前夕，耿长锁应邀到北京参加国庆观礼。图为河北省赴国庆观礼代表合影。

耿长锁在石家庄参加河北省政协会议合影，前排左一为耿长锁。

20世纪70年代中期，李先念副总理到南方视察途中在石家庄停留，要求见耿长锁。图为李先念（前排右八）、陈永贵（前排右七）、耿长锁（前排右六）等在石家庄河北省委招待所合影。

1973年11月29日耿长锁在庆祝五公集体化三十周年大会上致辞。

1975年6月23日，时任中共中央政治局委员、国务院副总理的陈永贵到五公大队视察，陪同的有河北省委副书记吕玉兰，省委常委、省革委副主任王金山以及衡水地委、饶阳县委主要领导同志。图为陈永贵（前排右六）、耿长锁（前排右五）、宋欣茹（前排右四）、吕玉兰（前排左七）、王金山（前排左六）等人合影。

1975年6月23日，陈永贵视察五公大队，与耿长锁亲切交谈。

1975年6月23日，耿长锁陪同陈永贵、吕玉兰参观。

1975年6月23日，陈永贵视察五公大队与耿长锁、吕玉兰（左二）、宋欣茹（左一）合影留念。

1975年6月23日，陈永贵、吕玉兰、耿长锁合影。

1975年6月23日，陈永贵（前左三）视察五公期间与王金山（前左一）、吕玉兰（前左二）、耿长锁（前右三）、乔利广（前右二）、李文英（前右一）及五公村干部合影。

1977年6月12日，饶阳县委做出《关于农村经济政策的几项规定》以后，县委一班人下乡集体考察。图为滹沱河大桥上，前排右起，县委书记王毓民、县委副书记耿长锁、县委副书记杨志永。

1981年，耿长锁（中）、宋欣茹（左二）与全省劳动模范一起学习全国农业工作会议精神。

1983年4月14日，耿长锁参加河北省五届人大常委会二十次会议留念。

二十次会议留念
一九八三年四月十四日

1983年9月10日，庆祝五公“组织起来”四十周年大会合影。

十周年大会留念 83.9.10

庆祝五公“组织起来”四十周年大会期间，林铁（前排左二）在田间参观五公大队的玉米。

庆祝五公“组织起来”四十周年大会期间，耿长锁陪同林铁参观。

耿长锁与饶阳县领导在五公接待站合影。

耿长锁与县委书记杨志永（右）、县人武部政委刘志永（左）合影。

1985年，耿长锁家部分成员合影。第二排中间是耿长锁，左边是大儿子耿德录，二儿媳郭桂芹，右边是大女儿耿雪忍及丈夫；第三排右起大儿媳钦英、小儿子耿占录、五女儿耿金响、二女儿耿朵、三女儿耿素娟、四女儿耿惠娟、外孙女张喜玲。

1984年，耿长锁在家中与看望他的省、地、县各级领导合影。

耿长锁在家中与看望他的部队领导合影。

1985年，病中的耿长锁要求出院回家养病。

1985年，耿长锁从石家庄出院回到五公村。

1985年，耿长锁及秘书靳松彦（后排右一）、司机靳万董（前排右一）及医护人员在自家院内合影。

1985年，饶阳县县长苏铁标看望病中的耿长锁。

1985年，耿长锁（左二）与看望他的河北省省长张曙光（右二）、饶阳县委书记李玉慎（左一）等人合影。

1985年，河北省委书记邢崇智（右）和省长张曙光（左）到五公看望耿长锁。

1985年，河北省省长张曙光到五公看望病中的耿长锁。

1985年，河北省人大常委会原副主任张克让在五公村看望病中的耿长锁。

二　两次出国访问

耿长锁一生有两次出国访问经历，即1952年访问苏联和1957年访问民主德国、捷克斯洛伐克等七国。其中，1952年的访苏经历对他影响较深。

1949年10月3日，中苏正式建交，苏联成为第一个同中华人民共和国建交的国家。这时，苏联已经在社会主义建设中取得了令人瞩目的巨大成就，成为当时社会主义阵营的“老大哥”。1950年2月14日，中苏签订《中苏友好同盟互助条约》。随后，全国各地普遍建立中苏友好协会，连农村的小学生都成了会员。中苏友好歌曲到处传唱：“嘿啦啦，嘿啦啦，天空出彩霞，地上开红花，苏联老大哥，帮助我们新国家……”苏联电影《幸福的生活》展现的集体农庄的幸福生活，让许多中国人真切感受到了一个令人神往的美好未来。

1951年9月下旬，全国第一次农业互助合作会议在原华北局招待所小白楼召开，会议通过了《中共中央关于农业生产互助合作的决议（草案）》（以后简称《决议（草案）》）。这是中共中央关于农业互助合作运动的第一个纲领性文件。《决议（草案）》指出，土改后农民中存在发展个体经济和实行互助合作的两种积极性，党一方面不能忽视和挫伤农民个体经济的积极性；另一方面要在农民中提倡“组织起来”，按照自愿互利的原则，根据生产发展需要与可能的条件，采取稳步前进的方针，在农村发展互助合作运动，引导农民走集体化道路。中共中央在会后对《决议（草案）》又进行了修改，并于12月15日发给各级党委试行。毛泽东对此事非常重视，亲自起草通知，称“这是在一切已经完成了土地改革的地区都要解释和实行的，请你们当作一件大事去做”。1951年冬到1952年春，在已经完成土改的地区，各级党委和政府对《决议（草案）》开展了大张旗鼓的宣传教育，农业互助合作在全国迅速发展起来。

在上述背景下，农业部于1952年组织了一个80余人的农民代表团前往苏联参观学习。当时，耿长锁已经是河北省劳模和全国爱国丰产模范，因此作为代表团成员（河北省共6人）随团访问了苏联。“中国农民访苏代表团”由国家农业部副部长张林池带队，于1952年4—9月参观访问了苏联25个集体农庄、11个国营农场、6个拖拉机站、9个研究所和大量的发电站。在参观学习中，代表们对于农业集体化给苏联所带来的巨大发展感触颇深，普遍认为“要发展农业必须走集体化的道路”。期间，《人民日报》发表了总标题为《苏联农民的道路就是我国农民的道路》的访问记。从此，“苏联集体农庄”“楼上楼下，电灯电话”这些新词语广泛流传，对中国农业合作化运动产生了深远影响。

这次访苏经历让耿长锁大开眼界，苏联集体农庄规模之大、机械化程度之高都令他羡慕不已。回国后，他在保定和饶阳县多次作访苏报告，宣传农业集体化——社会主义的优势。他说：在乌克兰亲眼看见“那里的集体农场有土地一两万亩的算小的，有一二十万亩的很平常”。与人工劳动的效率相比，拖拉机和联合收割机“高得不可比拟”，“一辆‘斯大林80号’拖拉机，带两个五铧犁，用两三个人一天耕450亩地，深达9寸。同样大的地，在我们那里要用150人、150头牛、150副犁、30副耙，而且只能耕4寸深”。他认为，中国农业在实现集体化和机械化以后，生产效率可以大幅提高。

耿长锁回到五公后决定成立大社，并向人们介绍苏联集体农庄的好处：“总的一句话，要想过幸福的生活，必须走社会主义集体化的道路。”经过研究讨论，1952年11月，五公20个大大小小的农业社和16个互助组合并成立了大社（初级社），入社户数达到401户。1953年2月，在驻社干部耿秀峰的协助下，结合耿长锁的访苏材料和学习经验，五公村制定了20项包工包产和打井包工用料的计划草案，财务包干、深耕密植等方法和技术也开始试行。1956年1月，由毛泽东亲自编纂的《中国农村的社会主义高潮》一书，收录了五公农业生产合作社包工包产经验的文章。

耿长锁在莫斯科留影。

莫斯科留影。

访苏留影。

苏联官员介绍集体农庄情况。

1957年2月，耿长锁赴民主德国和捷克斯洛伐克参观访问，在捷克斯洛伐克布拉迪斯拉发机场合影。

在佩济诺克品尝葡萄酒。

在捷克斯洛伐克农村（Ba jč）参观。

参观农业科研单位。

在捷克斯洛伐克登山（Lomnický Štít）合影。

在捷克斯洛伐克农村（Dvory nad Žitavou）参观。

在捷克斯洛伐克农村参观。

在捷克斯洛伐克农村参观。

在捷克斯洛伐克农村参观。

在捷克斯洛伐克参观农业机械。

与国营农场农业专家握手。

参观苏联集体农庄。

斯利亚奇温泉合影。

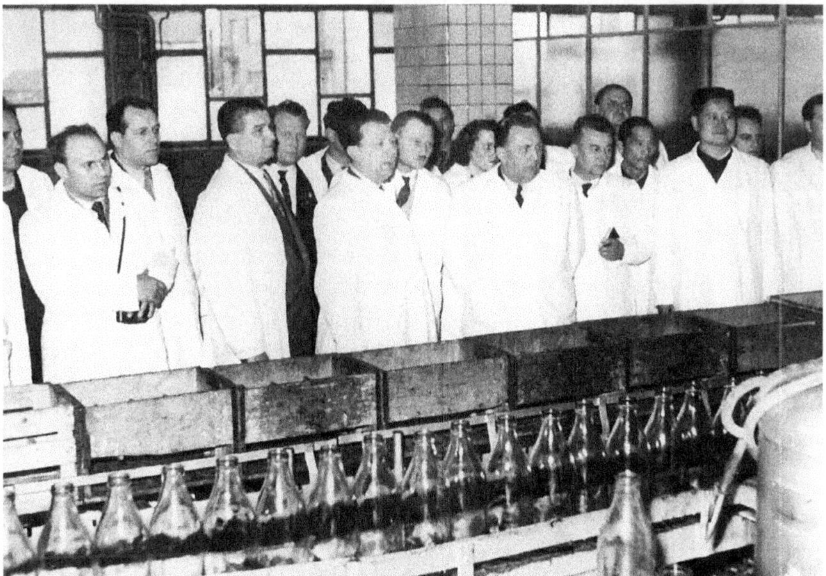

参观布拉迪斯拉发的乳制品厂。

与苏联农业专家座谈。

1957年耿长锁出访东欧七国期间的合影。

1957年2月22日，耿长锁出席全国劳动模范大会，被选入大会主席团，受到毛泽东等中央领导接见，并获得金质五星奖章。会后，耿长锁到民主德国、捷克斯洛伐克等七国参观访问。

三　永远做普通劳动者

在农业合作化时期，社员当中流传着一句顺口溜："村看村，户看户，社员看的是干部。"社员看干部，首先是看干部是不是参加集体生产劳动。社员们认为，干部不劳动容易变成"懒坯子"，懒了就馋，馋了就吃，吃了就贪，最后变成腐败分子。从1943年组织互助组开始，耿长锁一直担任着社里的领导职务，后来成了副省级领导干部，但他始终保持了一个普通劳动者的本色，数十年一直坚持下地劳动。他既是领导者，又是劳动者，既是规划者，又是参与者，他既是社员心中的"耿社长"，又是队长眼里的好社员。在初级社、高级社时期，除了开会以外，他平均每年出工都在200个以上。在耿长锁的示范带动下，当年五公大队的干部们都能与社员一起劳动，一块流汗。

1958年五公人民公社成立后，包括原来的4个乡，35个村，5万多人，耿长锁当选为社长。这时，他已经进入花甲之年，在身体有多种疾病的情况下，还是继续参加劳动。县委领导和公社党委多次提出让他脱产常驻机关，少参加劳动。

耿长锁和老伴徐树宽。

可耿长锁说："这个产我可脱不得，脱离了生产，不参加劳动，那不成了支嘴社长，口头模范。我干活多少是次要的，但是离开了劳动，就离开了群众，万万使不得。"最后，县委来了一个折中方案：决定耿长锁1/3时间在五公大队工作，1/3时间在公社工作，1/3时间参加劳动。

为了工作方便，社里给耿长锁安排了一间办公室，但他的那间办公室常常是铁将军把门。耿长锁不爱听汇报，他觉得那里面有水分。他说，整天蹲在屋里，念叨这个大队，谈论那个干部，不如在地里走一走，看一看，有什么事，走走看看就都清楚了，参加劳动还能锻炼身体。耿长锁还有个习惯，每次开会回来或外出开会临走以前，都要挤出一点时间干一点活。他在外地开会，还经常帮助宾馆、饭店的服务员叠铺盖、打扫卫生。服务员惊讶地说："您是全国劳模，这个活不能干！"他笑着说："正因为是劳模，才要劳动哩！劳动在前，模范在后啊。不劳动，模范不成了空架子了吗？"

1970年2月24日，《河北日报》报道耿长锁数十年坚持参加集体生产的事迹，题目就是《永远做普通劳动者》。

耿长锁（中）和社员清理地窨子进出口的积雪，准备进去纺经子。

1954年春，耿长锁（左一）与社员清除地界。

1953年河北省第一拖拉机站在五公建立后，为方便机耕，把木头橛子或石头等地界刨掉。

耿长锁、乔利广与第一生产队的种田能手锄高粱地。

耿长锁（右二）在第二生产队参加劳动，左二为第二生产队队长徐根。

耿长锁与社员们一块下地去劳动。

耿长锁在田间给青年社员讲浇地技术。

1966年夏，耿长锁、乔利广和社员们去村西锄玉米。

1952年，耿长锁农业社耙盖土地情景。

1952年春，耿长锁农业社社员用双套牲口犁地。

社员把积雪运到地里。

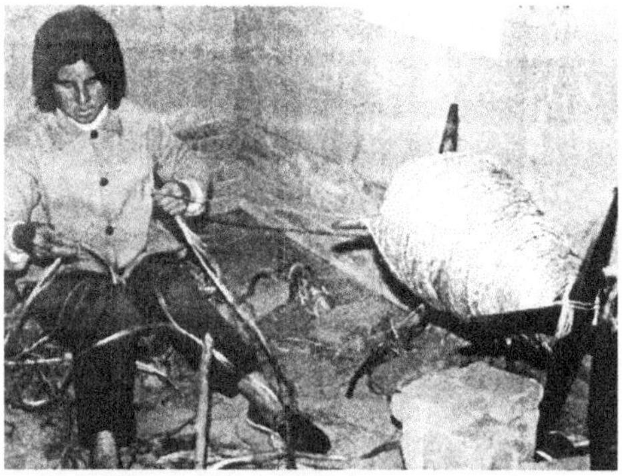

第二生产队女社员周省在副业组纺麻经子。

副业组李明响（右）在搬动打好的麻批子。

副业组打好的麻批子和成捆的麻绳。

乔万象打绳。

乔万象（左）和李明响（右）在检查绳子质量。

社员编筐。

社员在林业队院内加工杈子。

五公大队林业队在村南沙荒地种下几千棵桑树。1965年，林业队加工桑杈150把，为集体节约资金1500多元。

20世纪60年代初，社员在玉米和豆类作物混播地里劳作。

耿长锁和青年社员一起劳动。

耿长锁向女社员讲解苗期小麦灌溉技术。

耿长锁在麦场翻动刚脱粒的小麦。

1960年，耿长锁在生产队食堂。

社员送粪。

1980年，耿长锁与社员一起种树。

1973年，耿长锁与民兵营长李守正在锄夏玉米。

耿长锁在第一生产队麦场劳动。

麦收以后，耿长锁与社员们在清理秸秆，准备进行高温积肥。

耿长锁（中）和青年社员去田间劳动。

五公第一生产队麦场。

②

④

① 1980年秋，第二生产队社员李傲用牛拉犁耕地的情景（五公大队虽已实现机耕，但地头地角还得使用牲口）。
② 五公“老四户”李砚田在扬场。
③ 五公第二生产队女社员在摘棉花。
④ 五公第三生产队社员把去皮的玉米抬走上码，小车上装的玉米皮。

① 五公第一生产队丰收的秋场。
② 五公“老四户”卢墨林家，这是他的儿子卢玉辰。
③ 耿长锁与女社员摘棉花。
④ 五公第一生产队社员在摘棉花。

麦
②

张喜玲（耿长锁的外孙女）（右二）等社员在给小麦去杂。

社员在秋场劳动。

女社员正在码玉米。

麦场。

秋场。

垛柴草。

翻晒小麦。

晾晒小麦。

社员把摘下的棉花堆在一起。

林业队社员在苗圃劳作。

社员在秋场里剥玉米皮。

社员浇地。远处的房子是机井小屋，由机手负责管理。

五公社员在收玉米。

五公一队麦场，社员晾晒粮食。

五公给国营粮站缴公粮的车队。

五公大队各生产队的运输车辆，除大车外，还有了汽车。

① 五公社员摘棉花。
② 1965年，社员收花生。
③ 1978年5月，第一生产队社员李进社推石碾。

五公社员走向田间平整土地。

20世纪50年代初社员抢收小麦。

麦场丰收。

社员用小推车给玉米追肥。

耿长锁与他的秘书邹立基（右）、县报道组赵同开（左）在五公接待站合影。

耿长锁在河北省人大机关与工作人员合影。

1985年10月，耿长锁从石家庄住院回来后，与乔万象、李砚田、李忠信、李孟杰等人座谈。

四　一切为了群众　一切依靠群众

耿长锁怀着一颗赤子之心，视百姓为衣食父母，把群众当亲人。1947年12月和1948年1月，农业合伙组收养了两对孤儿：12岁的李转和6岁的李坛子姐弟、10岁的李秀英和8岁的李孟杰姐弟。当时，合伙组只有八九户，虽然经过几年苦干，条件有所改善，但凭空添了四个半大孩子，面临的困难是可想而知的。在耿长锁夫妇的精心照料下，这几个孩子都已经长大成人。坛子小时候特别调皮，经常惹事，长锁夫妇没少费心，后来他成了生产队的劳动能手，干活从不偷懒，是当地有名的好瓦工；在海河工地，他的小车装土总比别人多，曾两次荣获县团颁发的奖状。孟杰中学毕业后参军，转业后先在小堤，后回到五公镇工作直到退休。李转和李秀英的对象都是耿长锁夫妇张罗的，村里为她们操办了新式婚礼。集体化时期，五公村对生活有困难的“五保户”实行“定工生产”“定额补贴”政策，并由村妇联会派专人照顾。1979年9月4日，五公大队妇联会被全国妇联命名为“三八”红旗集体。

耿长锁坚持为官一任，造福全村，为群众排忧困，谋福祉。耿长锁经常说：只要时时处处想着大多数，不揣个人的小九九，心里就有主心骨。在利益面前，他先人后己，舍己为人，总是“我好说”；当群众利益受到损害时，他总能站在群众的角度看问题，大胆为群众说话。1959年人民公社化运动中，搞“一平二调”、绝对平均主义，粮食打的越多，征购交的就越多，干部群众为评产量整天闹意见，有些地方出现少报产量甚至瞒产私分的现象；群众口粮分配一律按每人每年360斤的标准，“够不够，三百六”，增产队和减产队没区别。这样做的结果是伤害群众的生产积极性，特别是原来生产条件好、产量高的地方，群众意见很大。1960年，耿长锁不顾别人劝阻，“冒险”给中央写信谈了自己的看法，并提出两条建议：1.国家对生产大队应该实行粮食征购包干，以调动群众的生产积极性，解决为评产出现的矛盾；2.在群众口粮分配上，应克服绝对平均主义，使增产队和减产队有所区别。不久，中央农村工作部回信指示，五公大队可以首先实行粮食征购包干制，作为第一批试点。

在荣誉面前，他推让说：“一切都是群众干出来的，甭光说我一个，如果没有群众，就是有八个耿长锁，也是八个光杆司令，井能打成？地能整平？庄稼能种好？”在困难面前，他相信群众，依靠群众，甘当群众的学生。20世纪五六十年代，五公大办农业，其中的一件大事就是怎样尽快实现水利化，把旱地变成水浇地。有一年一气打了15眼井，可有的井打不出水，不少人对打井失去了信心。耿长锁决定由主管生产的副社长乔利广牵头，组织打井队员与老农座谈，大家一致认为，不出水的原因就是没有找准水脉，打井技术不高。于是他们一面派出6名青年外出学习打井技术，一面组织有经验的老农踏遍四洼找水脉，最终把问题解决了。

当群众有意见时，耿长锁总能虚心接受。他告诫干部们：“眼睛不向下，不拿群众的意见当回事是不对的。”　1965年10月25日，《人民日报》和《解放

耿长锁学习毛主席著作。

军报》转载《河北日报》刊登耿长锁的一篇署名文章《什么常堵塞自己的耳朵》（《河北日报》记者杨殿通代笔。该文被《人民日报》《解放军报》《大众日报》等多家报纸先后刊登）。在这篇文章中，耿长锁结合自己的亲身体会介绍了怎样去掉听取群众意见的“挡头”，坚持党的群众路线的经验。他说：“有个好的民主作风，多走群众路线，虚心听取别人的意见，商量办事，民主办队，就准能把生产搞得好上加好。”

1947年12月和1948年1月，“土地合伙组”收养的两对孤儿。左边一对姐弟是李转（12岁）和李坛子（6岁），右边一对姐弟是李秀英（10岁）和李孟杰（8岁）。

党支部委员、妇联主任乔文芝在五保户乔大全家为老人洗衣服。

① “孤儿”李转把扬好的花生堆在一起。
② 李坛子制作土坯。
③ 李转（右）摘棉花。
④ 20世纪60年代，李坛子盖起了新房。

① 1955年，李孟杰考上五公中学后与姐姐李秀英合影。
② 李秀英在做衣服。
③ 20世纪80年代李秀英一家。

五公村穿上新衣服的孩子和他的父母。

五公社员分粮食。

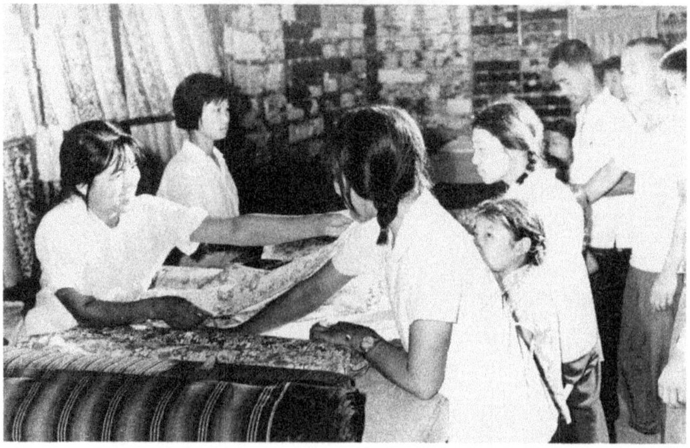

20世纪60年代，五公大队的男女青年在供销社买东西。

耿长锁农业社的羊群。

第一生产队的牲畜。

1951年春，饲养员李第二（李第二1945年入“土地合伙组”，爱社如家，把牲口当“亲人”伺候，被评为模范饲养员）在社部看护生病的两匹马和一头小牛。

耿长锁与公社干部一起工作。

耿长锁与乔利广察看小麦生长情况。

耿长锁农业社会计乔万象在培养青年李志民学习记账。

1963年五公“老四户”卢墨林家日常陈设。

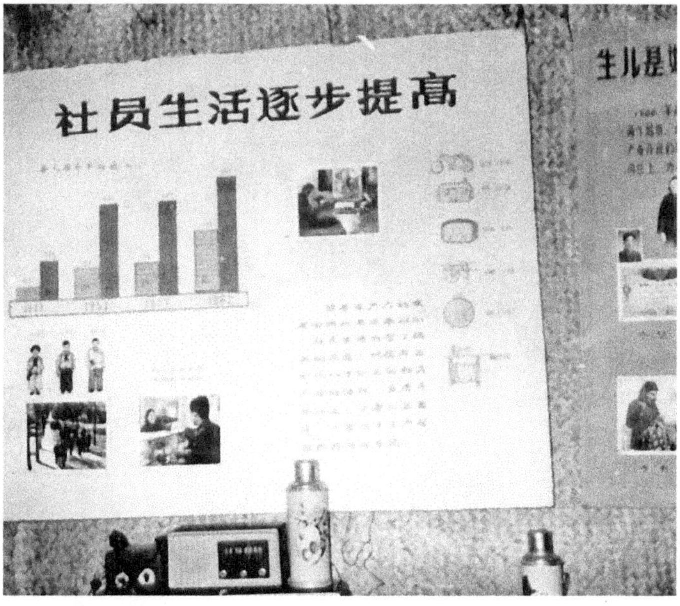

五公集体化二十周年展览，社员家里的钟表、暖水瓶和收音机。

1960年五公大队的白菜地。

社员收获大白菜。

第一生产队两位妇女缝制衣服。

社员把稍干的土坯码成架。直到20世纪60年代，五公村集体盖房墙体还是外砖内坯结构。

庆祝五公集体化二十周年展览棚内，“老四户”卢墨林给年轻的讲解员介绍二十年来自己家庭的变化。

三把大镐创业——1963年五公集体化二十周年展览。

20世纪60年代初，社员把分好的柴火拉回家（那根高耸的木杆，是当年矿石收音机的天线）。

耿长锁（右一）在大队实验田与社员交谈。

党总支书记张端（左二）、主管生产的副大队长乔利广（右二）在地头与老农座谈，了解地下水埋藏情况。

1967年，耿长锁给到五公参观的饶阳县城关完小师生介绍五公大队情况。

1969年夏，耿长锁在五公大队俱乐部与青年座谈。

休息时，耿长锁给年轻社员讲笑话。

耿长锁给外地参观人员介绍棉花管理情况。

耿长锁与民兵在一起。

耿长锁给准备参加县人武部组织的比武大赛的民兵讲比武注意事项。

1965年，耿长锁与县委派来的两位驻村干部。

20世纪70年代，五公村李龙老人对青年进行艰苦奋斗的传统教育。

五公第二生产队社员李志民家的“全家福”。

耿长锁与秘书邹立基合影。

耿长锁给民兵讲林业队创业过程。

耿长锁与解放军战士一起学习毛主席语录。

1964年夏，耿长锁与第一生产队社员讨论生产管理问题。

耿长锁老伴徐树宽（右）做妇女工作。

②

① 1963年8月，滹沱河洪水成灾，全县197个大队被淹，一片汪洋。五公属于轻灾区，图为五公村南大水沟。

② 1965年“老四户”之一乔万象家。当时他已不担任会计，但桌上仍放着算盘，墙上贴有奖状，挂着《河北日报》。

③ 1976年“文革”结束后，耿长锁给五公大队中小学生传达讲解中央文件。

五　现代化之梦

从1943年“土地合伙组”成立，到后来的初级社、高级社、人民公社，五公村经历了由极端贫穷、缺吃少穿到粮棉丰收、户户有存粮、集体有储备的巨大转变，各项事业均取得了令人鼓舞的成绩，成为全国的先进典型。当时有一首民谣反映了这种变化，即“饶阳过去有三宝，水蓬花，稗子草，长流水，断不了；饶阳现在有三宝，水车响，骡马跑，拖拉机，耕地了。”这首民谣道出了饶阳县在集体化时期的两个主要变化，一个是水利化，一个是机械化。

20世纪50年代，五公村开展了大规模的水利建设。村里专门成立了打井队。1954年11月20日，《河北日报》报道了耿长锁农业社开凿的第一眼机井完工，五公村从此可用机器抽水浇地。1958年4月22日，《河北日报》以“打响夏收第一炮”为题，报道五公村农业社用石津灌渠的地上水浇地实现农田水利化的消息。这年冬天，五公村打井20眼，开渠6道，总长55里，与石津灌渠相通。到1962年，五公村共有水井81眼，排灌机23台，水泵13台，水车57辆，粮食亩产量从1944年的220斤增加到482斤。1953年到1962年，平均每年交售国家公粮、余粮46万多斤（粮、棉、油折谷）。

1953年12月27日，在庆祝耿长锁农业生产合作社十周年大会期间，国营河北省第一农业机器拖拉机站在五公村建立。当时机站配有三台拖拉机，机站建在五公村正北1千米远的原张家庙后。因天寒地冻，拖拉机只象征性地进行了耕地表演。次年3月17日，河北省农林厅在五公村召开隆重的机耕典礼大会，厅长张克让剪了彩，方圆数十里的数万群众前来参观。自此，五公村第一次用上拖拉机耕地，农业机械化开始起步。这年4月，中央新闻纪录电影制片厂到五公村拍摄纪录片《走向康庄大道》，反映了五公村这几年的变化。1955年12月，中国青年出版社出版发行《走向幸福道路》一书，介绍耿长锁带领农业生产合作社发展壮大的过程。

为了配合农业水利化和机械化，五公村在这一时期大搞农田基本建设，平整土地、改造盐碱地、积肥等运动相继展开，并在“大跃进”时期形成高潮。首先，五公村把地里各姓氏的祖坟统一迁往村南滹沱河故道，建起全村的公墓，仅这一项就扩大耕地面积60亩。平整土地2661亩，使全社可灌溉土地面积增加3倍多，占全部土地半数以上。积肥运动方面，仅1958年积肥4亿斤（包括化肥16万斤），被河北省委评为积肥先进单位。至1960年，全村实现农田方田化、农路林网化。据统计，至1966年春，基本成材的林网有万余棵，与无林网农田相比，风速、温度、土壤含水量有明显的良性调节，农田林网使产量增加10%以上。

此外，五公村非常注重农业技术的运用和推广。五公大队的农业技术员周元久，平时酷爱钻研防治害虫的科技知识，人称“虫子怕”。他和女技术员张金香用土法治虫，在棉田套种几行玉米，搞个“诱集带”，吸引棉铃虫的蛾子在玉米叶子上产卵，每天早晨集中消灭。这一办法曾被国际虫情界关注，并获河北省科技二等奖。1963年11月25日，即庆祝五公集体化二十周年大会期间，五公发电厂开始发电，五公大队五公农副业生产和社员生活开始用电。

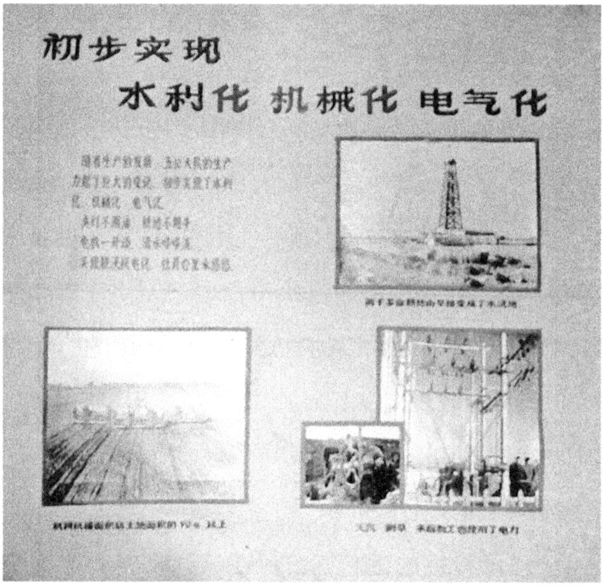

水利化、机械化、电气化——五公集体化二十周年的一块展牌。

举办水利，降服干旱——五公集体化二十周年展览馆的一块展牌。

1952年初春，社员们搭起井架准备打井。

1952年，耿长锁农业社社员在整修曹家河沟。

1965年冬，五公大队打井技术员徐山（中）给打井班成员传授人工打机井技术。

柴油机带动水泵浇地。

小麦冬灌。

1965年，五公第一生产队给小麦浇“拔节水”，同时追施化肥。

耿长锁陪同首长参观五公冬季积肥。

五公一队社员在搞高温积肥。

1952年《人民画报》第5期刊登耿长锁农业生产合作社用木轱辘大车送粪图片。

社员拉着装满人粪尿的专用车。

上世纪五十年代初，五公村取消了“连茅圈”，把厕所与猪圈分开。女青年李长富带头成立了倒尿组，每天清晨到各户领尿，倒进生产队圈里，以增加肥料。耿长锁发现后，找李长富座谈，决定由大队组织社员到各户敛人粪尿，并推广高温积肥（秸秆、圈肥、人粪尿）。队里特意制作了人粪尿专用车。

社员们把用秸秆积的肥提前运到田间。

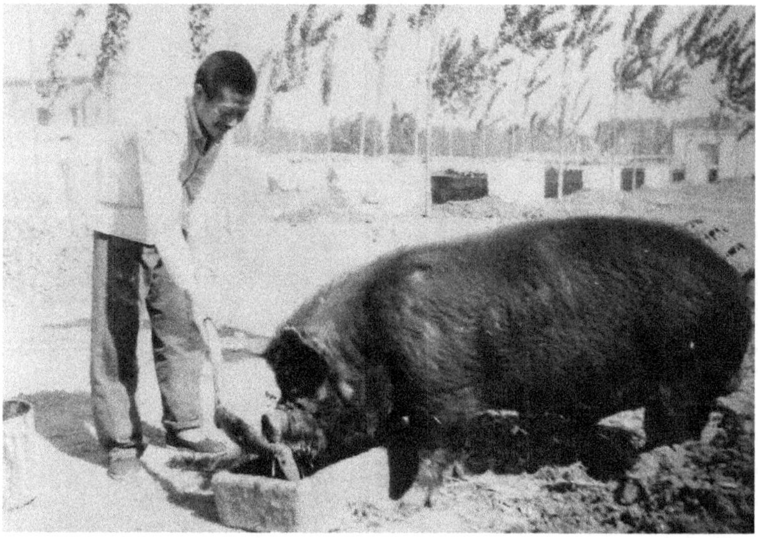

饲养员在给一头种猪喂食。

五公大队三个生产队都有集体养猪场，家家户户也养猪。1975年9月5日，《河北日报》报道了五公大队发展养猪业的情况，全村2000多人实现了一人一猪。

1953年底，在庆祝五公“组织起来”十周年大会期间，河北省第一农业机械拖拉机站在五公村建立。图为拖拉机耕地表演情景。

1954年3月17日，河北省农林厅在五公村召开机耕典礼大会，厅长张克让亲自出席剪彩。图为观看拖拉机耕地的深、武、饶、安四县的近万名群众。

拖拉机从机站开出，准备进行第一次耕地表演。

① 拖拉机耕地。
② 1965年，五公大队有了自己的拖拉机。图为拖拉机手在检查机器。
③ 20世纪60年代中期，五公大队开始用小麦脱粒机。图为第一生产队麦场。
④ 五公大队的拖拉机除耕地外还兼跑运输、拉庄稼、送粪等。图为机手在检修机器。

拖拉机春耕。

五公大队的拖拉机往田间送粪。

20世纪60年代中期，五公拖拉机站购进谷物收割机。

五公大队用播种机种小麦，一台大拖拉机同时牵引三台播种机播种。

五公第一生产队用电动机带着扇车扬小麦。

没有收割机前，五公大队用拖拉机拉碌碡轧场。图为五公第二生产队麦场。

社员用铡草机给牲口铡草。

五公大队用拖拉机轧麦场。

五公农机修配厂职工在加工柴油机配件。

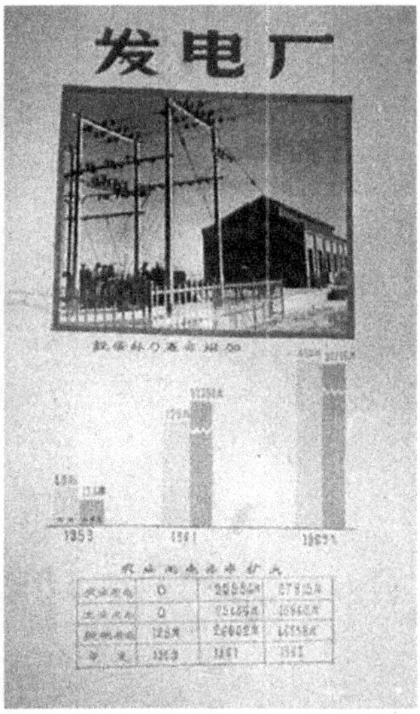

五公集体化二十周年展牌——五公发电厂。

五公发电厂的发电机组。

五公发电厂于1959年开始筹建，投资54万元，当年12月8日，第一台40千瓦发电机组正式运行。

五公发电厂机器房。

五公发电厂向外输电的设备和线路。

五公发电厂变压器。

五公发电厂技工耿德录和李昆芳在检修输电线路。

五公大队电工检修输电线路。

五公大队电工检修输电线路。

电工为外地参观学生介绍输电线路知识。

1963年五公集体化二十周年庆祝大会，讲解员用沙盘介绍农业用电。

县农业局技术员给耿长锁介绍小麦优良品种。

五公大队副大队长张朝可（右）与驻村干部邹立基观看优种小麦。

五公大队为全县培育小麦种子，这是麦子成熟前社员最后一次去杂。

20世纪70年代，五公大队种植的杂交高粱新品种。

五公大队农业技术员在玉米地工作记录。

五公大队农业技术员周元久（右）在种子田检查记录小麦的根系分蘖情况。

防治虫害——五公集体化二十周年展览馆的一块展牌。

“虫子怕”周元久研究防治病虫害。

五公大队农业技术站。

耿长锁与“虫子怕”周元久检查棉花虫害除治情况。

周元久（中）与技术员察看蛾子产卵情况。

五公社员给大白菜喷药。

五公大队林业队在给果树喷农药。

除治小麦蚜虫。

高标准园田化建设。

土地园田化。

庆祝五公村集体化二十周年，耿长锁为各地劳模介绍五公的变化。左二为耿长锁。

庆祝五公村集体化二十周年大会期间，与会代表参观五公大队的冬小麦。

五公大队的副业组成员在包装漆包线。

五公合线厂车间。

20世纪60年代五公村西一条农路。

六　来五公学习参观的中外来宾

20世纪50年代后，耿长锁和五公村成为全国学习的榜样，其先进事迹和典型经验频频见诸报端，前往五公村参观考察的中外专家领导、劳模代表、媒体记者、文艺团体、高校师生等络绎不绝。五公村为此专门成立了接待站。

较早来到五公村的是河北省文联青年作家赵卜一。1950年8月，河北省文联青年作家赵卜一来到五公村，对耿长锁领导的农业合伙组进行调研。他经过考察发现：五公村的互助组在提高农副业产量上已获得显著成绩，更为重要的是，“执行这种互助组，群众已有所要求。”因此，他认为“其经验和方法，可根据不同情况，适当吸收”。在以上判断的基础上，他写了《饶阳县五公村生产互助组报告》并呈报中共河北省委。报告指出：五公村的互助合作“是新民主主义经济性质的，是在小块土地私有制基础上组织起来的，而不是传说的五公村合伙组是过‘左’的农业社会主义的组织形式”。这是一份具有重要史料价值的报告。

1952年4月，剧作家胡苏和妻子柳溪作为耿长锁农业生产合作社的驻社干部来到五公村，住在社员张近仁家。胡苏兼任小堤区（四区）委副书记。他们在五公工作生活了两年多。柳溪以耿长锁农业社为题材，创作了《爬在旗杆顶上的人》和《烦恼的人令人烦恼》两篇短篇小说。

1963年，河北省文联和天津市作协组织李满天、王林、张庆田、刘怀章等20余名作家，深入到五公村，写作出版了报告文学《花开第一枝》，通过对相关人物的刻画，叙述了二十年来五公农业合作化运动的发展历程。这年夏天，全国文联党组书记、副主席阳翰笙，中央实验话剧院副院长于村到五公进行一个月的访问。1964年春，中央实验话剧院演职人员一行48人到五公大队体验生活，与社员同吃同住同劳动一年多。

1975年3月，北京大学中文系教师芦荻带学生到五公大队调研。这次调研工作还未结束，芦荻便接到通知立即回京。

从20世纪50年代开始，五公村还迎来了一批批的外宾。

1954年，越南民主共和国参观团一行10人，参观了五公村的农副业生产，还到社员张辉廷、张近仁家进行访问。这是五公村接待的第一个外宾参观团。

1972年5月1日至5日，由弗萨尔·阿里·阿塔斯率领的也门民主人民共和国农业代表团一行17人，在中央、省有关部门人员的陪同下来到五公，参观考察了五公走集体化的办社方针、方法和信用社、供销社的组织建设以及五公村的麦田、人工打井、五公修配厂、木工机器厂等。

1975年8月23日，坦桑尼亚飞行学员一行10人，到五公游览参观。11月，参加全国第三届运动会的台湾籍旅美运动员一行7人到五公访问。次年10月，卢旺达农业考察团一行12人、墨西哥中小水利灌溉考察团一行4人先后到五公访问。在参观五公的高温积肥时，卢旺达外宾对秸秆、圈肥、人粪尿三合一的农家肥很感兴趣。

1978年后，五公陆续接待了一批外宾。这些国际友人大体分为两种情况：

耿长锁和老伴徐树宽与《河北日报》记者杨殿通合影。

一种是单纯的参观访问，一种是为专题研究而来的考察。其中到五公时间最长、次数最多的当属三位美国教授爱德华·弗里曼、毕克伟、马克·赛尔登。弗里曼是威斯康星州立大学政治学教授，毕克伟是加利福尼亚大学圣地亚哥分校历史学教授，塞尔登是纽约宾汉姆顿大学社会学教授。他们均是美国中国学研究队伍中的新生代和“左翼”学者的主要代表人物。1972年，他们便来到中国，在北京曾受到周恩来总理的接见。1978年5月24日至6月15日，在中央、省对外友协负责人陪同下，他们开始在五公考察。期间，还参加了当地小学生“六一”儿童节，并为五公中学教授英语两周。此后十年间，他们又先后18次到五公调研，了解相关情况，写了一本《中国乡村，社会主义国家》的书。该书1991年在美国出版，获1993年度美国亚洲研究协会的约瑟夫·列文森奖。1994年南京大学历史系的陶鹤山将该书翻译成中文，并列入“阅读中国系列丛书”。

大批中外来宾特别是文艺界名流纷至沓来，使当时小小的五公村各种演出、活动层出不穷，极大地丰富了五公村的文化生活。

1954年6月，西北局干部访问团到五公村参观学习，耿长锁（右二）陪同参观。

20世纪60年代初，耿长锁在五公公社大门前与前来参观的某大学师生合影。

1963年夏，耿长锁和五公文学创作组与阳翰笙、于村等合影。

1964年春，耿长锁和曹禺及中央实验话剧院部分演员在五公接待站门前合影。

1964年，耿长锁女儿耿惠娟与中央实验话剧院部分女演员在五公大队俱乐部院内合影。

耿长锁与剧作家曹禺在五公合影。

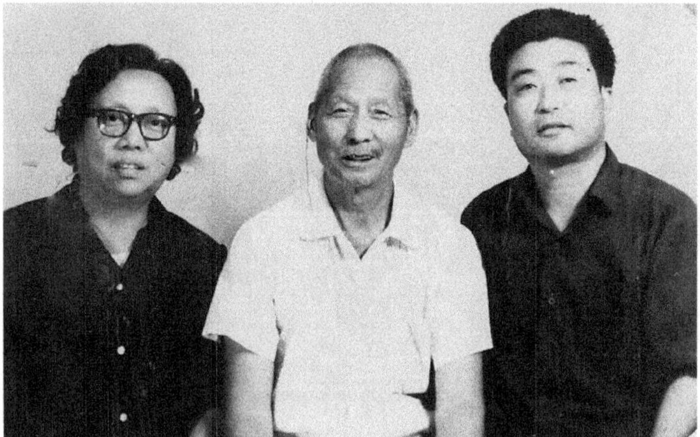

耿长锁与作家柳溪（左）、刘怀章（右）合影。

1964年，耿长锁（中）和大女儿耿雪忍（左二）与剧作家曹禺（右二）、舒强（左一）在耿长锁家合影。

著名诗人田间和作家魏巍、郭小川到五公采风，与五公“土地合伙组”部分组员座谈合影。正面三人中间一位是田间。

1963年冬，河北省群艺馆一行到五公参观访问。图为耿长锁及大队俱乐部成员与他们合影。

耿长锁在五公大队俱乐部门前和河北省群艺馆人员合影。

河北省群艺馆成员于五公接待站门前合影。

耿长锁和衡水市文联作家在五公大队部院内合影。

1964年夏，天津音乐学院李洪林在五公访问留念。

1964年夏，耿长锁向前来参观学习的深县后营大队党支部书记刘松林（右一）一行介绍小麦种子田管理情况。

1963年冬，耿长锁与全国劳模、遵化县沙石峪大队书记张贵顺在五公合影。

1964年与王玉坤、宋欣茹合影。左起，宋欣茹、耿长锁、王玉坤。

1964年3月4日至10日，衡水地区召开农业先进集体和劳动模范代表大会。会上树立了改变低产面貌的“八杆旗”，其中饶阳县有五公大队、常安大队；安平有南王庄大队。会后耿长锁邀请王玉坤、宋欣茹到五公，三人到田间一起察看五公大队的麦苗长势。

1964年秋，耿长锁为外县先进村参观代表介绍花生新品种。

1965年，耿长锁给外地参观人员介绍小麦新品种。

1966年，曾任毛泽东卫士长的李银桥到五公看望耿长锁。

耿长锁（中）与李银桥（左）在五公接待站门前合影。

1966年夏，耿长锁与《衡水群众报》两位记者合影。

1975年3月，北京大学中文系教师芦荻带学生到五公大队调研时与县委宣传部几位领导在五公接待站合影。右三为芦荻。

外地参观学生留影。

耿长锁老伴徐树宽迎接野营拉练的人民解放军战士来五公参观学习。

1979年，五公村自筹资金建了耿长锁先进事迹展览馆。耿长锁（二排左三）与来自衡水各地的书画家于开馆当天合影。

1981年4月25日，耿长锁（前右二）与到五公采风的河北省作家协会作家合影。

1983年9月，耿长锁与河北省梆子剧团演出人员合影。前排左起：田春鸟、裴艳玲、耿长锁、张惠云。

1983年9月庆祝五公“组织起来”四十周年大会期间，河北省河北梆子剧团到五公演出。图为演出前耿长锁（左）看望演出人员。田春鸟（中），裴艳玲（右）。

河北省音乐家协会张秋菊、徐让在五公访问时与耿长锁合影。右起：耿惠娟、张秋菊、耿长锁、尤喜、徐让、耿金响。

1972年，耿长锁与也门民主人民共和国农业代表团团长弗萨尔·阿里·阿塔斯亲切握手。

耿长锁带领也门访问团参观小麦长势。前排右一为耿长锁。

也门访问团在五公参观人工井架。

也门外宾参观五公农机修配厂。

也门访问团在耿长锁陪同下参观五公木器厂。

耿长锁、五公大队干部、饶阳县政府领导与也门代表团在饶阳县招待所合影。

也门访问团参观小型播种机。

也门外宾参观五公大队打绳组。

1976年国庆节，耿长锁与卢旺达农业考察团团长握手。

耿长锁向卢旺达外宾介绍田间高温积肥方法。

卢旺达外宾亲自用铁锹挖肥。

1975年，耿长锁在五公接待站门前欢迎坦桑尼亚客人。

1975年，耿长锁在县招待所门前欢迎旅美台湾运动员一行7人。

耿长锁和五公大队党总支委员与台湾运动员以及中央、省、地有关部门陪同人员在县招待所合影。

1976年墨西哥中小水利灌溉考察团一行4人到五公参观考察。

耿长锁陪同墨西哥中小水利灌溉考察团在五公田间农路上看机井。

1978年，耿长锁在五公接待站招待来自美国的毕克伟等人。

1978年，美国学者赛尔登、弗里曼、毕克伟、江开安和耿长锁及五公村干部在五公接待站门前合影。

美国学者赛尔登做记录。

五公大队俱乐部举办欢迎晚会，毕克伟等四人表示感谢。

美国学者弗里曼、赛尔登在五公学习锄地。

毕克伟夫人江开安在五公果园学习锄地。

毕克伟等人在五公供销社调研。

弗里曼在五公中学教授英语。

毕克伟与五公完小学生欢度“六一”儿童节。

五公村庆祝“六一”儿童节大会会场。

毕克伟等四人在五公村庆祝“六一”儿童节大会上表演节目。

毕克伟参加五公社员婚礼。

耿长锁向二次来访的美国学者赛尔登介绍情况。

赛尔登二次访问五公时，受到县革委主任王志永接见。

五公大队党总支书记杨同向三次来访的美国学者弗里曼介绍情况。

耿长锁陪同美国学者弗里曼参观“耿长锁农业生产合作社”旧址。

弗里曼第三次访问五公时，在大队会计室与会计耿连民交谈。

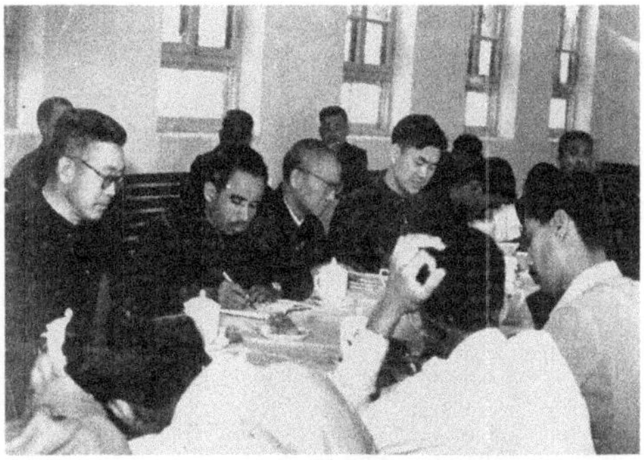

耿长锁在五公接待站会议室给外宾介绍情况。

耿长锁在五公接见外宾。

耿长锁带领外宾参观。

外宾参观五公工厂。

耿长锁在五公会见外宾。

外宾参观五公大队果木园。

耿长锁在五公接待站会见外宾。

外宾参观棉花（左）和小麦（右）。

耿长锁在五公接待站接待外宾。

外宾参观五公油脂化工厂。

外宾参观五公工厂的车床。

七　五公村的文化生活

五公大队党总支和管委会（包括之前的大社）在抓好农副业生产的同时，始终注意丰富群众的精神文化生活。随着集体经济的发展和社员生活的提高以及中央、省、地文艺工作者的纷至沓来，五公村的业余文化生活也呈现出丰富多彩的面貌，五公村的社会主义文化之风曾经盛行一时。

耿长锁原先不识字，1952年访苏回来后，他开始学习文化知识。县里专门给他订了一份《河北日报》，从此他养成了看报的习惯，一边看报一边学习。耿长锁学习起来很认真，不会就问，很快他就能读报纸文章，一般的讲话稿也可以照着念下来，还做了几本学习笔记。1953年12月27日，中共河北省委在五公村主持召开庆祝“组织起来”十周年大会后，各地前来参观和交流的各种代表团逐渐多起来，有时也赠送一些图书。于是，五公村合作社在1954年自购图书200余册，加上以前赠送的一些图书，正式建立了图书室。几年之间，图书室的藏书达到1200余册，由杨同负责管理。除当时风靡全国的《毛泽东选集》和《毛主席语录》

外，还有小说、诗歌、戏剧、画报以及一些农业技术书籍。

也是在1954年，在县文化馆馆长张庚石的帮助下，五公村组建了一个俱乐部。俱乐部根据专业和爱好不同，分为十来个小组，有武术、歌曲、舞蹈、快板书、评剧、文学创作等。俱乐部的成员都是五公村的男女青年社员，他们一边参加生产劳动，一边搞创作、排节目。当时，在田间地头、村里村外到处都是歌声和笑声，他们自编自导自演的话剧还去北京参加了会演。文学创作也非常活跃，经常举办一些赛诗会，有些作品在《河北文学》刊登。

1963年二十周年大庆后，学习毛主席语录，学习“老三篇”，开始成为风尚。五公村出现了学习毛主席著作积极分子——“八姐妹学习组”。从这一年开始，五公大队在俱乐部院内建起了广播室。每天傍晚社员收工后，广播室开始广播，广播内容很丰富，除转播中央新闻联播外，还有天气预报、样板戏、革命歌曲、本大队农副业生产情况、各生产队出现的好人好事等。如当天遇有临时性的紧急新闻，广播员还要带着报纸、喇叭，到田间地头为社员做现场广播。为进一步丰富群众文化生活，及时了解党的重大政策和各地先进经验，从1965年7月开始，五公大队为全体社员和副业摊点订阅《衡水群众报》共450份，社员们天天带着报纸下地，中间休息时，读书看报、学习毛主席语录。

1958年7月，中央军委提出了“全民皆兵”的思想。8月，中央政治局扩大会议通过了《中共中央关于民兵问题的决定》，民兵运动的范围扩展到城市和农村的各个领域。特别是9月29日毛泽东发表“要大办民兵师”的谈话后，全国城乡各地各行业的民兵运动迅速开展起来。在五公村，民兵营是一支非常活跃的队伍，他们在衡水军分区和县武装部的指导下，坚持劳武结合，在田间地头练刺杀射击，出现了一批神枪手和刺杀能手，成为省、地、县一支民兵劲旅。他们表演的“打气球”节目成了五公大队迎接各地参观团的压轴好戏。

1965年春，饶阳县掀起学习毛主席著作的高潮，各村都建立了学习小组。图为耿长锁家庭成员学习毛主席著作。

1965年夏，五公大队干部集中学习中央文件。办公桌前左起：驻村干部冀锁柱、大队党总支书记张端、大队长耿长锁、副大队长乔利广、妇联主任乔文芝、大队党总支副书记杨同。

1975年，耿长锁和乔利广等在五公大队部研究“农业学大寨”情况，为陈永贵副总理视察五公做准备。

1975年10月，大队党总支成员在五公接待站院内学习讨论。

1976年10月，五公党总支全体成员政治学习场景。

1966年秋，五公大队干部群众学习“老三篇”。

五公青年学习毛主席语录。

五公第二生产队民兵在地头听李永利（时任五公村村主任，左三）介绍学习体会。

学哲学、用哲学——五公大队林业队院内。

1965年，五公“老四户”与“八姐妹学习组”座谈。

耿长锁与五公学习毛主席著作先进分子——“八姐妹学习组”进行学习交流。左起耿长锁、王捧菊、卢便、刘东方、李素君、乔彩富等。

五公民兵学习毛主席语录。

耿长锁（右）在五公公社会议室学习“老三篇”。

图书室管理员把书籍送到地头。

五公第一生产队女青年1963年在麦场高歌《五公小唱》（王林作词，马云鹏作曲）。

1964年春，中央实验话剧院演员石维坚 （左二）与五公大队俱乐部骨干李铎（中）等合影。

石维坚（1935— ），中国著名话剧、影视表演艺术家。1956年加入中央实验话剧院；1991年任中国青年艺术剧院院长。

第二生产队社员在地头读报纸。

五公第一生产队社员在地头收听广播。

1965年夏，杨同（左）、耿惠娟（中）看大队俱乐部门前李全（右）新写的板报。

五公大队俱乐部广播员在田间地头为社员广播新闻。

公社放映员师桂英在认真检查胶片。

1964年夏，五公俱乐部骨干李铎在地头说快板。

五公第三生产队社员杨爱品（左）在地头为大家唱歌。

1978年夏，五公完小学生进行拔河比赛。

五公中学体育课。

五公完小学生表演扇子舞。

五公完小学生在课间做广播体操。

耿长锁与河北省群艺馆演员及来访外宾合影。

1963年，姐妹二人在学习。

1965年夏，五公社员在地头讲述有关五公新风的真人真事。

1972年11月23日，中共饶阳县委决定在五公大队搞“批林整风”试点工作。图为大队、生产队全体干部在接待站学习中央文件，批判林彪阴谋篡权的阴谋，站着讲话的是大队党总支书记张端。

1966年，耿长锁与从县里比武回来的大队民兵营持枪民兵在五公大队部门前合影。

民兵训练。

五公大队民兵营副营长耿惠娟（右）等在衡水军分区比武表演结束后合影。

五公民兵营持枪民兵清晨训练。

耿长锁给五公大队民兵介绍劳武结合的重要性。

老民兵李多林（左）给持枪基干民兵讲抗日故事。

耿长锁与民兵在一起。

耿长锁给民兵讲革命故事。

1965年，五公民兵在麦田路边合影。前排右三是耿惠娟。

“文革”期间，耿长锁在五公接待站给来访的知青讲革命传统。

五公民兵训练场景。

外宾在五公果木园观看民兵打气球表演。

后　记

本书通过300多幅有关耿长锁和五公村的老照片展示了集体化时期华北农村的生产生活状况，由于这些照片大部分是首次公开发表，因此显得十分珍贵。照片主要来自饶阳县档案馆，少量由个人提供，其中耿长锁的外孙女张喜玲女士提供14幅，原河北日报社记者杨殿通先生提供1幅，五公村村民李铎提供1幅，他们分别出具了照片的出版授权书，在此表示诚挚的谢意。特别要感谢耿长锁的四女儿耿惠娟女士、五女婿张启先生以及耿长锁的外孙张满囤先生，他们不仅审阅了书稿，提出了修改建议和意见，还数次应邀参加座谈会，提供了不少鲜为人知的资料。

中共饶阳县委、饶阳县人民政府非常重视对当地历史文化和乡土人物的研究与宣传，特别是在传承与弘扬耿长锁精神方面做了许多令人钦佩的工作。在本书的编纂过程中，中共饶阳县委常委、宣传部长周观森同志，五公镇党委书记刘金圈同志以及五公村党支部书记李长铎同志等为我们提供了大力支持，在此深表谢意。

感谢河北大学历史学院对本书自始至终的关注。感谢河北大学历史学院的郑清坡教授、工商学院的李小刚副教授以及与我合作进行博士后科研工作的郑立柱副教授，本书的编纂出版也凝结了他们的汗水。还要感谢河北大学出版社的编辑王红梅女士，她为本书的出版付出了大量辛苦的劳动。最后，本书的出版得到了河北大学历史学强势特色学科学术出版基金和河北大学中西部高校提升综合实力工程项目的资助，在此一并致谢。

由于水平所限，书中难免有疏漏错讹之处，恳请读者批评指正。

编者

2015年12月